Glänzende Webbänder

Kleine Geschenke erhalten die Freundschaft. Und wer kann diesen farbenprächtigen Freundschaftsbändern widerstehen? Dabei ist Weben mit Perlen eine einfache Technik, mit der man relativ schnell zu beeindruckenden Ergebnissen kommt: Zuerst die senkrechten Kettfäden spannen, dann jeweils die Perlen einer ganzen Reihe in zwei – bei jeder Reihe gleichen – Arbeitsschritten einweben. Schon nach den ersten Reihen lässt sich das Zusammenspiel der Farben bei den jeweiligen Mustern erkennen und die Vorfreude auf das fertige Band steigt Reihe um Reihe.

Man kann neben fantasievollen grafischen Mustern auch kleine Mäuse, witzige Frösche, schöne Schmetterlinge und lustige Katzen weben. Dabei wird manchmal das strenge rechteckige Format der gewebten Bänder am Rand durchbrochen von herausragenden Armen, Beinen, Ohren usw. Und mit Metallanhängern versehen, werden die Bänder ganz schnell zu Bettelarmbändern umfunktioniert.

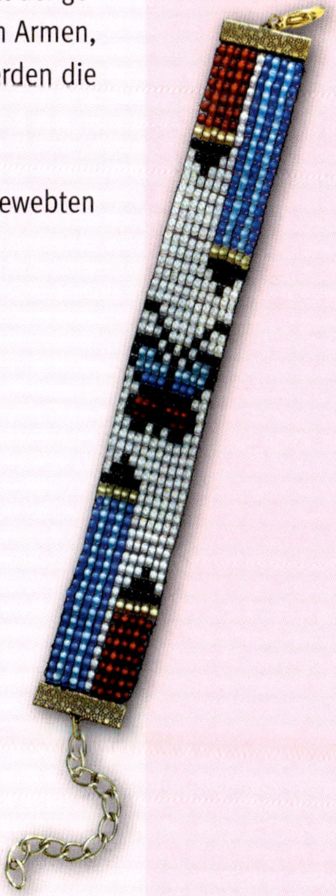

Ich wünsche viel Freude beim Weben und Tragen der gewebten Freundschaftsbändchen.

Ingrid Moras

Material

Perlen

Rocailles (2,5 oder 2,6 mm Ø) sind in großer Vielfalt im Fachhandel erhältlich: opak, gelüstert, matt, mit Silber- oder Farbeinzug, transparent usw. Diese Perlen sind relativ preiswert und können je nach Geschmack kombiniert werden. Wer besonders gleichmäßige Rocailles schätzt, sollte auf die etwas teureren Miyuki-Rocailles oder Delica-Beads aus Japan (2,2 mm Ø) zurückgreifen, die meist mit englischen Farbbezeichnungen angeboten werden. Sie sind auch mit 2,6-mm-Rocailles zu kombinieren.

Webrahmen

Im Fachhandel gibt es verschiedene Perlenwebrahmen zu kaufen, in deren Kerben oder Drahtspiralen die Kettfäden straff und gleich im passenden Abstand für die kleinen Perlen eingespannt werden. Tipp: Zum Ausprobieren einen Bilderrahmen (ca. 20 cm) als Webrahmen verwenden: Die Kettfäden oben mit Klebeband ankleben, nach unten ordnen, spannen, und gespannt unten am Rahmen mit Klebeband fixieren.

Kettfäden

Als Kettfäden (= Längs- oder Spannfäden) entweder Perlgarn Nr. 5 (Coats GmbH), Nymogarn oder WildFire Beadalon (beide 0,15 mm Ø) verwenden. Perlgarn ist relativ dick und verbreitert deshalb die Bändchen etwas. Der Vorteil ist, dass die Kettfäden auf beiden Seiten des Bandes gleich zu Kordeln zum Anbinden verarbeitet werden können. Nymogarn gibt es in vielen verschiedenen Farbtönen. Es kann passend zur Farbe des Bändchens ausgewählt werden. WildFire Beadalon (verschiedene Farben erhältlich) ist durch eine zusätzliche Deckschicht gemantelt, kann nicht aufgespalten werden, ist wasser-, abrieb und dehnfest, robust und verknotbar – und mein Favorit, was Strapazierbarkeit angeht.

Schussfaden und Nadel

Dünne Fäden wie Nymogarn und WildFire Beadalon (0,15 mm Ø) oder auch transparenten Nähfaden (0,15 mm Ø) als Schussfaden (= Quer- oder Webfaden) verwenden. Gewebt wird mit einer speziellen, sehr dünnen Perlfädelnadel, durch die der Schussfaden eingefädelt wird.

Verschlüsse

Für breite Webbänder am besten Klemmverschlüsse verwenden, für schmale Bänder Quetschkalotten und Magnet- oder Schraubschließen.

Mit Perlen weben

Kettfäden spannen

Da jede Perle zwischen zwei Kettfäden liegen muss, gilt für die Berechnung der Anzahl der Fäden: Anzahl der Perlen in einer Reihe plus eins, bei doppelten Randfäden Anzahl der Perlen in einer Reihe plus drei. Für einen stabilen Rand empfiehlt es sich, die Randfäden jeweils doppelt zu spannen.

Die Kettfäden in die Einkerbungen des Webrahmens einlegen und spannen. Oben und unten genügend Faden überstehen lassen (je ca. 12 bis 15 cm), um nach dem Weben des Bandes auf beiden Seiten noch eine Kordel drehen oder die Enden verknoten zu können.

Schussfaden befestigen

Am linken Kettfaden (= doppelter Randfaden) den dünnen Schussfaden verknoten. Den Überstand von ca. 15 cm kann man mit Klebeband oben am Rahmen fixieren, damit er nicht beim Weben stört.

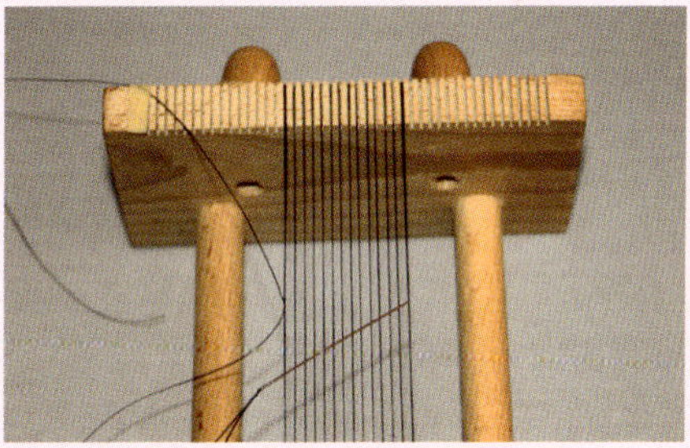

Eine Reihe einweben

1. Die Perlen der ersten Reihe auf die Nadel fädeln. Die Nadel mit den Perlen von links nach rechts unter die Kettfäden positionieren, die Perlen zwischen den Kettfäden einordnen und mit dem linken Zeigefinger nach oben drücken. Die Nadel vorsichtig mit der rechten Hand nach rechts herausziehen und die Perlen dabei weiter mit dem linken Zeigefinger nach oben drücken. Es ist auch möglich, die Perlen ganz bis zum Fadenende rutschen zu lassen und sie erst dann zwischen den Kettfäden einzuordnen und nach oben zu drücken.

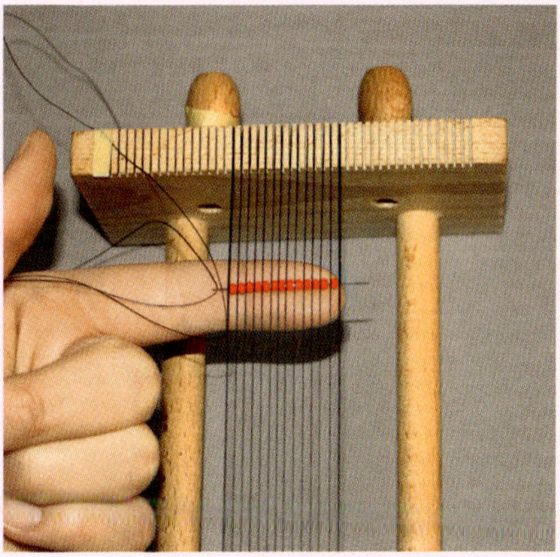

2. Mit der Nadel von rechts nach links nacheinander alle Perlen auffassen; dabei muss die Nadel zwischen den Perlen immer über den Kettfäden liegen. Anschließend die Nadel nach links herausziehen. Den Faden nach dem Einweben einer Reihe immer gleichmäßig anziehen.

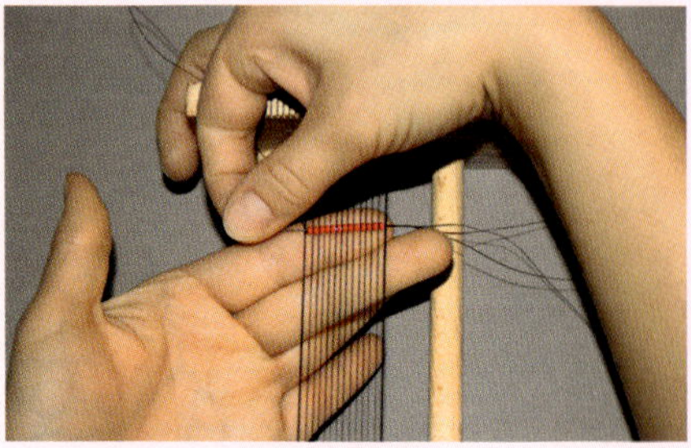

3. Jede weitere Reihe in der gleichen Weise einweben. Tipp: Ein weißes Kartonstück unter die Kettfäden legen, damit sich die Fäden gut vom Untergrund abheben.
Sollte der Schussfaden zur Neige gehen, den alten Faden mit einem neuen verknoten. Den Rest des alten Fadens und den Überstand des neuen Fadens zum Schluss durch die Reihen vernähen.

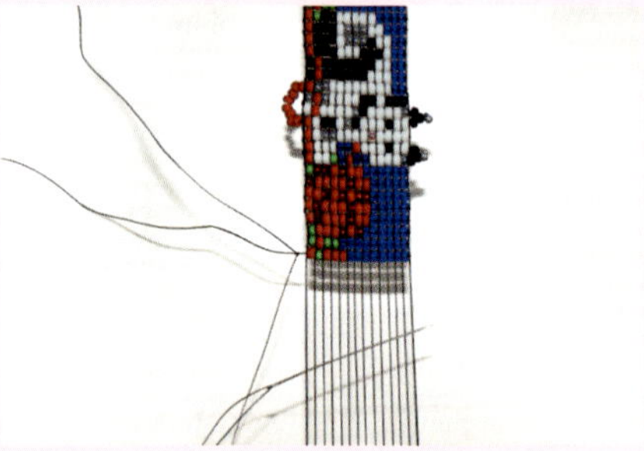

Abstehende Details

Immer die Reihe(n), von der das Motivteil (Beine, Ohren, Bögen, u. a.) abstehen soll, zuerst einweben. Dann, je nach Position des Details, eventuell den Faden durch eine Reihe zur anderen Seite des Bandes ziehen, Perlen des Details aufnehmen und den Faden durch gewebte Reihen zum Ausgangspunkt zurückziehen.

In der Vorlage ist die Fadenführung dieser Details immer komplett gezeichnet:
Beim Sternchen in der Vorlage links vom Band beginnen. Dort liegt der Faden nach dem Einweben einer Reihe. Die grüne Färbung des Fadens in der Vorlage bedeutet, dass der Faden nun unter den Kettfäden der Reihe entlanggeführt werden soll. Die rote Einfärbung besagt, dass er über den Kettfäden liegen muss.

Bogen nach rechts

Für einen rechts abstehenden Bogen den Faden nochmals unter den Kettfäden durch die dritte Reihe führen, Perlen für den Bogen aufnehmen, dann den Faden über den Kettfäden durch die erste Reihe, unter den Kettfäden durch die zweite Reihe und über den Kettfäden durch die dritte Reihe zum Ausgangspunkt zurückziehen. Dazwischen den Faden immer gleichmäßig anziehen.

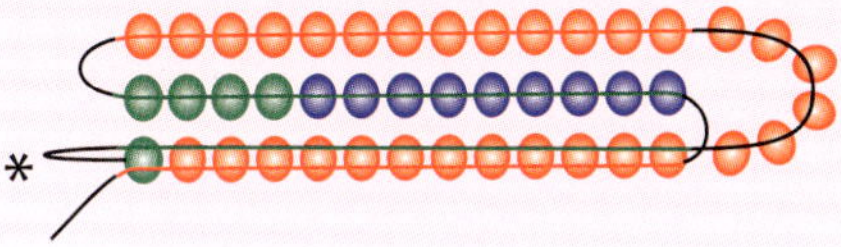

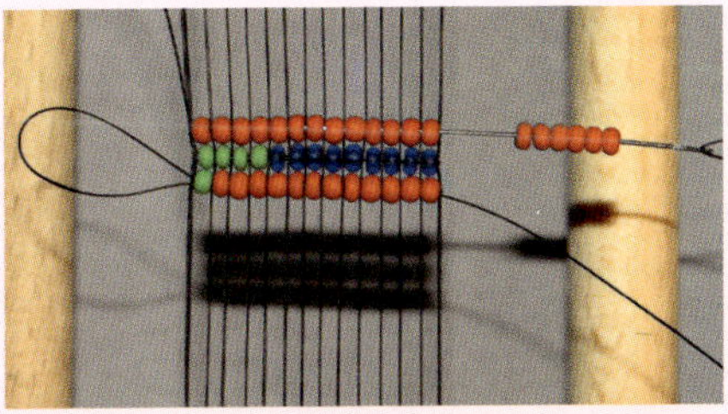

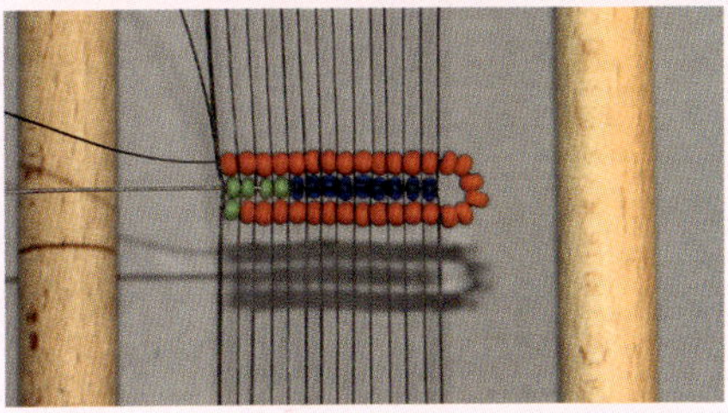

Bogen nach links und Ohr nach rechts

Acht Perlen für den Bogen aufnehmen, den Faden durch die viertletzte Reihe unter den Kettfäden nach rechts, durch die drittletzte Reihe über den Kettfäden nach links und durch die vorletzte Reihe unter den Kettfäden nach rechts ziehen. Drei Perlen für das Ohr aufnehmen, den Faden durch die zweite Perle zurückziehen, eine weitere Perle für das Ohr aufnehmen, dann den Faden über den Kettfäden durch die letzte Reihe zum Ausgangspunkt zurückziehen.

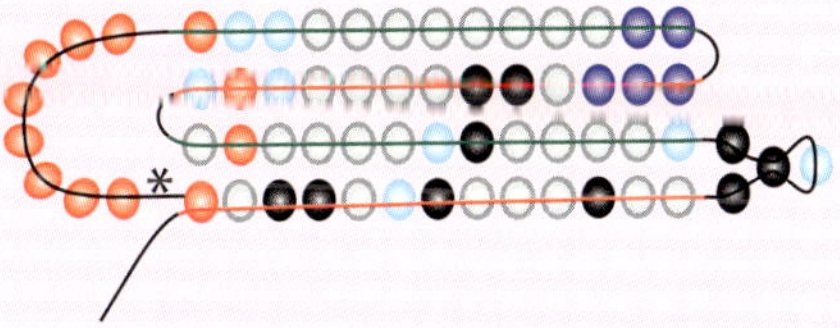

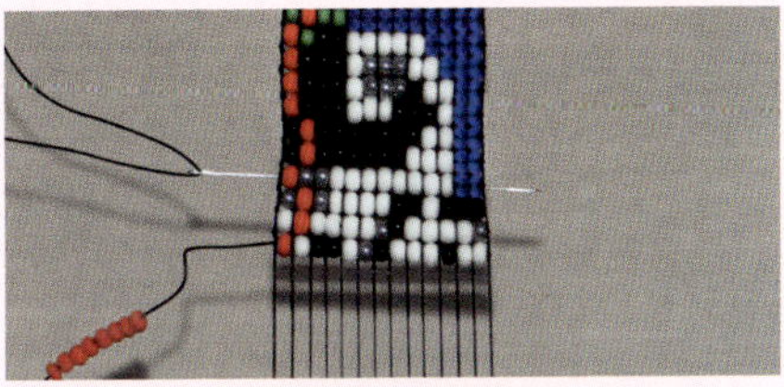

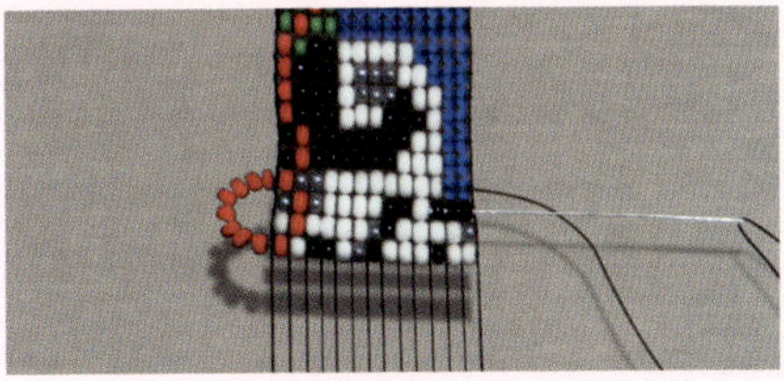

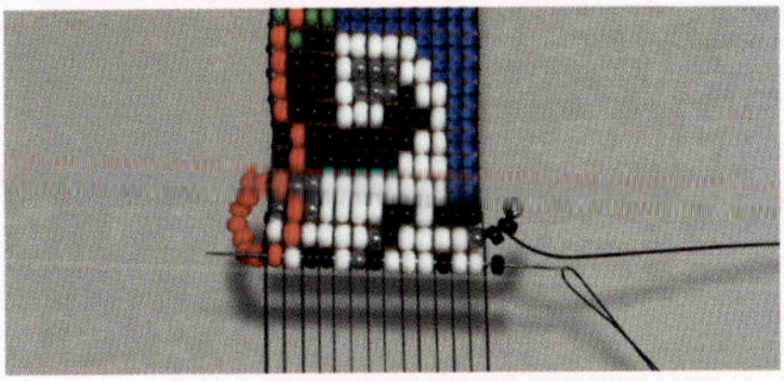

Abstehende Perlen

Eine Perle aufnehmen, den Faden unter den Kettfäden durch die Reihe nach rechts ziehen. Wieder eine Rocaille auffädeln und den Faden über den Kettfäden nach links zum Ausgangspunkt zurückführen.

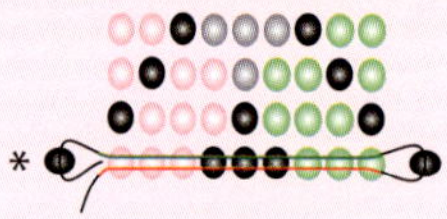

Abstehende Perlenstränge

Zwölf Perlen aufnehmen. Den Faden durch alle Perlen des „Armes" mit Ausnahme der letzten Perle zurückziehen, dann den Faden unter den Kettfäden nach rechts durch die Reihe führen. Den zweiten Arm ebenso aufziehen. Den Faden über den Kettfäden nach links zum Ausgangspunkt zurückziehen.

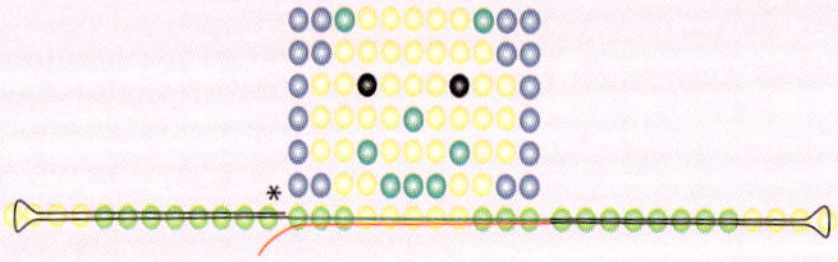

Eidechsenfuß

Fünf Perlen für das Bein und drei Perlen für den Fuß aufnehmen. Den Faden durch die fünf Beinperlen zurückziehen, dann durch die Reihe nach rechts und wiederum nach links zum Ausgangspunkt zurückführen.

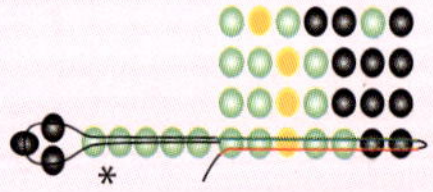

Der Abschluss der Bänder

Bevor das gewebte Band vom Rahmen abgehoben wird, müssen alle Schussfäden sorgfältig durch Reihen vernäht werden. Zwischendrin mit dem Schussfaden um den Randfaden herum eine Schlinge legen, den Schussfaden hindurchfädeln und den Knoten festziehen.

Kordeln drehen

Das Band mit Klebeband am Tisch festkleben und die überstehenden Perlgarn-Fäden zu einer Kordel eindrehen: Für jede Kordel zwei Fadenbündel nach rechts eindrehen und dann miteinander verdrehen; dabei immer den rechten Strang über den linken legen. Die Kordel mit einem Knoten abschließen. Überstände nach etwa 12 mm abschneiden.

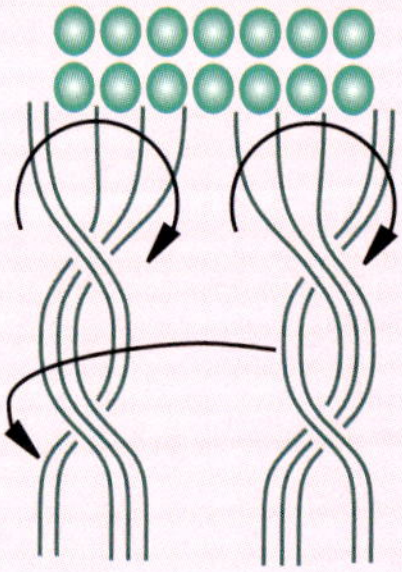

Klemmverschluss

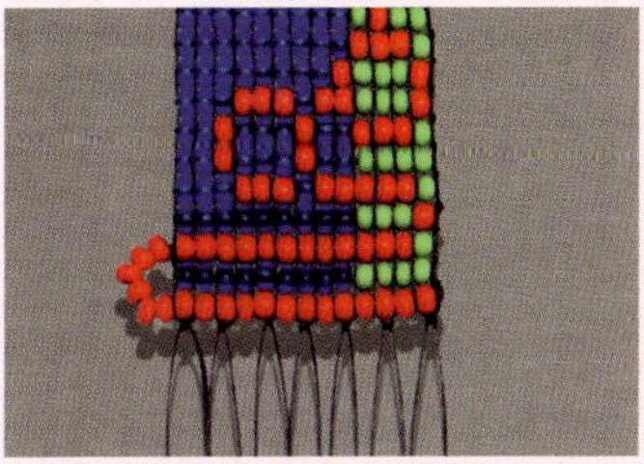

Kettfäden aus dünnem Garn am Ende des Bandes mit einem zweifachen Überhandknoten (= Schuhknoten) miteinander verknoten. Eventuell kleine 1,5-mm-Perlen auf die Fadenpaare schieben, dahinter die Fadenpaare mehrmals miteinander verknoten und mit Klebstoff sichern, dann den Klemmverschluss darüber befestigen. So werden keine Perlen des Bandes zerstört. Wer versucht, die letzten Reihen des Bandes einzuklemmen, wird nämlich die Erfahrung machen, dass dabei manchmal Perlen zu Bruch gehen, wenn zuviel Druck ausgeübt wird.

Quetschkalotte und Verschluss

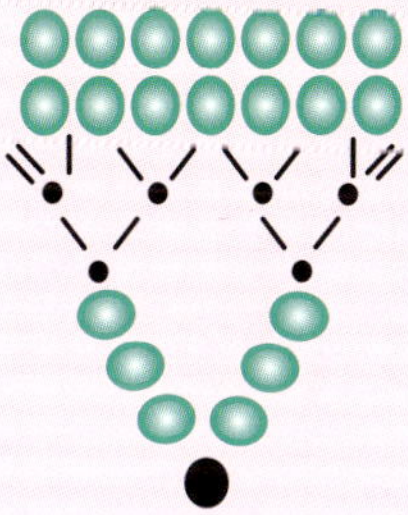

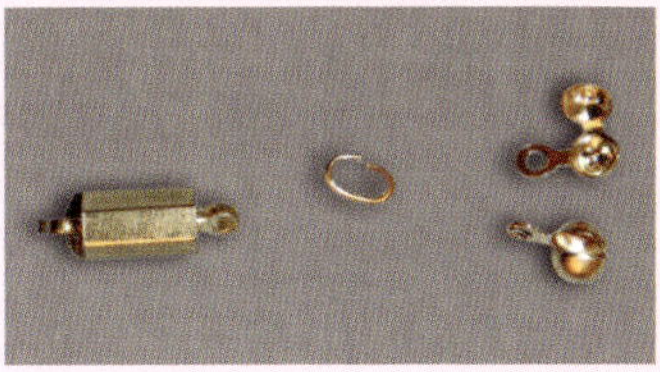

Bei schmalen Bändern können die dünnen Kettfäden auch in einer Quetschkalotte gebündelt werden. Dazu die Kettfäden mit Überhandknoten nach der letzten Reihe miteinander verknoten, die verknoteten Bänder wiederum miteinander verknoten, dann auf die beiden Fadenbündel je drei Perlen aufschieben und die Fäden in einem wiederholt gelegten und mit Klebstoff gesicherten Knoten zusammenführen. Den Knoten in einer Quetschkalotte einkleben. Einen Ringel mit einer kleinen Zange öffnen, Quetschkalotte und Magnet- oder Schraubschließe einhängen, dann den Ringel schließen.

In kühlen Farben

Material:

Pinguine

- Perlgarn Nr. 5 in Schwarz (403)
- WildFire Beadalon in Schwarz, 0,15 mm Ø
- Rocailles in Hellgrün matt mit Farbeinzug, 2,6 mm Ø
- Rocailles in Weiß matt, 2,6 mm Ø
- Miyuki-Rocailles, 2,2 mm Ø, in Schwarz, Weiß-Regenbogen, Blau Zirkon transparent
- Glasperlen in Schwarz, 3 mm Ø

Rauten

- Perlgarn Nr. 5 in Schwarz (403)
- WildFire Beadalon in Schwarz, 0,15 mm Ø
- Rocailles matt mit Farbeinzug, in Hellgrün, 2,6 mm Ø
- Miyuki-Rocailles, 2,2 mm Ø, in Schwarz, Weiß-Regenbogen, Blau Zirkon transparent
- Silberperlen, 2,5 mm Ø
- Anhänger: Schildkröte, Hund, Eule
- 3 Ringel in Silber

Vorlagenheft Seiten 2, 3

Good Luck

Für das 13,7 cm lange Band mit je neun Perlen pro Reihe zwölf 0,15 mm-Kettfäden (Randfäden doppelt) spannen und die Reihen nach der Vorlage einweben. Nach dem Einweben von zwei Reihen beim Schweinchen jeweils Füße anbauen: Dazu eine Rocaille in Fuchsia aufnehmen, dann den Faden nochmals unter den Kettfäden nach rechts und über den Kettfäden nach links durch die Reihe ziehen. Zuletzt die Kettfäden miteinander verknoten (siehe Skizze), auf die Fadenbündel fünf bzw. drei Perlen aufschieben und dann alle Fäden in einem mehrfachen Knoten zusammenführen. Diesen mit Klebstoff sichern und in der Quetschkalotte verstecken. Mit einem Ringel die Magnetschließe anhängen.

Pinguine

Das 12,5 cm lange Band mit je elf Perlen pro Reihe nach der Vorlage weben, dabei 14 Kettfäden aus Perlgarn (doppelte Randfäden) spannen und als Schussfaden einen 0,15 mm-Faden anknoten. Am Schluss auf beiden Seiten die Kettfäden zu je zwei Kordeln drehen.

Rauten

Das 12,5 cm lange Band mit je sieben Perlen pro Reihe nach der Vorlage arbeiten. Kettfäden aus Perlgarn (doppelte Randfäden) spannen und als Schussfaden den schwarzen 0,15-mm-Faden am linken, doppelten Randfaden anknoten. Zuletzt die Perlgarn-Überstände auf beiden Seiten zu je einer Kordel drehen und mit einem Knoten abschließen. Überstände abschneiden. Dünne Ringel öffnen, am doppelten Randfaden einhängen und jeweils einen Anhänger einlegen. Dann den Ring mithilfe einer kleinen Zange wieder schließen. Wer seine Anhänger besonders sicher fixieren will, kann auch Spaltringe verwenden.

Material **Good Luck** siehe Vorlagenheft Seite 2

GOOD LUCK

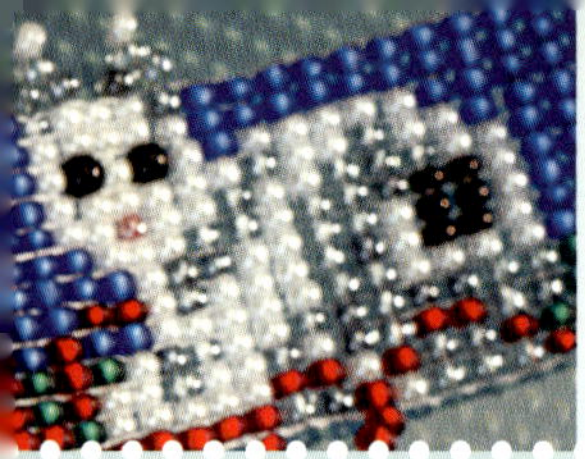

Verspielt

Katzen

Für das 14,7 cm lange Band mit je 13 Perlen pro Reihe 14 weiße Kettfäden spannen, einen weißen Schussfaden am linken Faden anknoten und die ersten drei Reihen des Bandes weben. Dann den Bogen nach rechts anschließen (siehe Seite 5). Nach der 22. Reihe den Bogen nach links arbeiten und das Ohr hinzufügen (siehe Seite 5). Weitere Ohren und Bögen an den entsprechenden Stellen des Bandes nach den separaten Skizzen neben dem Band anbauen. Die Fäden an den Enden verknoten und im Klemmverschluss dazwischenfassen.

Beeren

1. Zehn schwarze Kettfäden (doppelte Randfäden) spannen und die ersten fünf Reihen einweben. Die Perlen der sechsten Reihe aufnehmen und nach oben drücken, dann den Faden über den Kettfäden durch vier Perlen der Reihe nach links ziehen, eine 4-mm- und ein grüne Perle aufnehmen, den Faden durch die 4-mm-Perle zurückziehen und durch die vier Perlen der Reihe nach links führen.

2. Weitere abstehende Perlen an den Seiten nach der Vorlage jeweils nach dem Einweben der entsprechenden Reihe anbauen. Nach der sechsten Reihe von unten wieder, wie am Anfang des Bandes, mittig abstehende Perlen einbauen. Ein Klemmverschluss verdeckt die verknoteten Fadenenden.

Mäuse

Für das 13 cm lange Band zehn Kettfäden (Randfäden doppelt) spannen und die Reihen mit je sieben Perlen nach der Vorlage einweben. Zuletzt die Kettfäden verknoten, dann pro Fadenbündel je drei Perlen in Dunkellila aufschieben und alle Fäden erneut gut verknoten. Den Knoten mit Klebstoff sichern, in der Quetschkalotte einbinden und die Schließe anhängen.

Material **Mäuse** siehe Vorlagenheft Seite 5

Material:

Katzen

- WildFire Beadalon in Weiß, 0,15 mm Ø
- Rocailles matt mit Silbereinzug, 2,6 mm Ø, in Dunkelblau, Dunkelgrün, Rot, Dunkelrot
- Rocailles in Hellblau gelüstert, 2,6 mm Ø
- Miyuki-Rocailles, 2,2 mm Ø, in Schwarz, Perl-Weiß, Perl-Pink
- Glasperlen in Schwarz, 3 mm Ø
- Verschluss in Altsilber, 19 mm

Beeren

- WildFire Beadalon in Schwarz, 0,15 mm Ø
- Rocailles matt mit Silbereinzug, 2,6 mm Ø, in Dunkelblau, Dunkelgrün, Rot, Grün
- Miyuki-Rocailles in Perl-Weiß, 2,2 mm Ø
- Wachsperlen in Rot matt, 4 mm Ø
- Verschluss in Altsilber, 10 mm

Vorlagenheft Seiten 4, 5

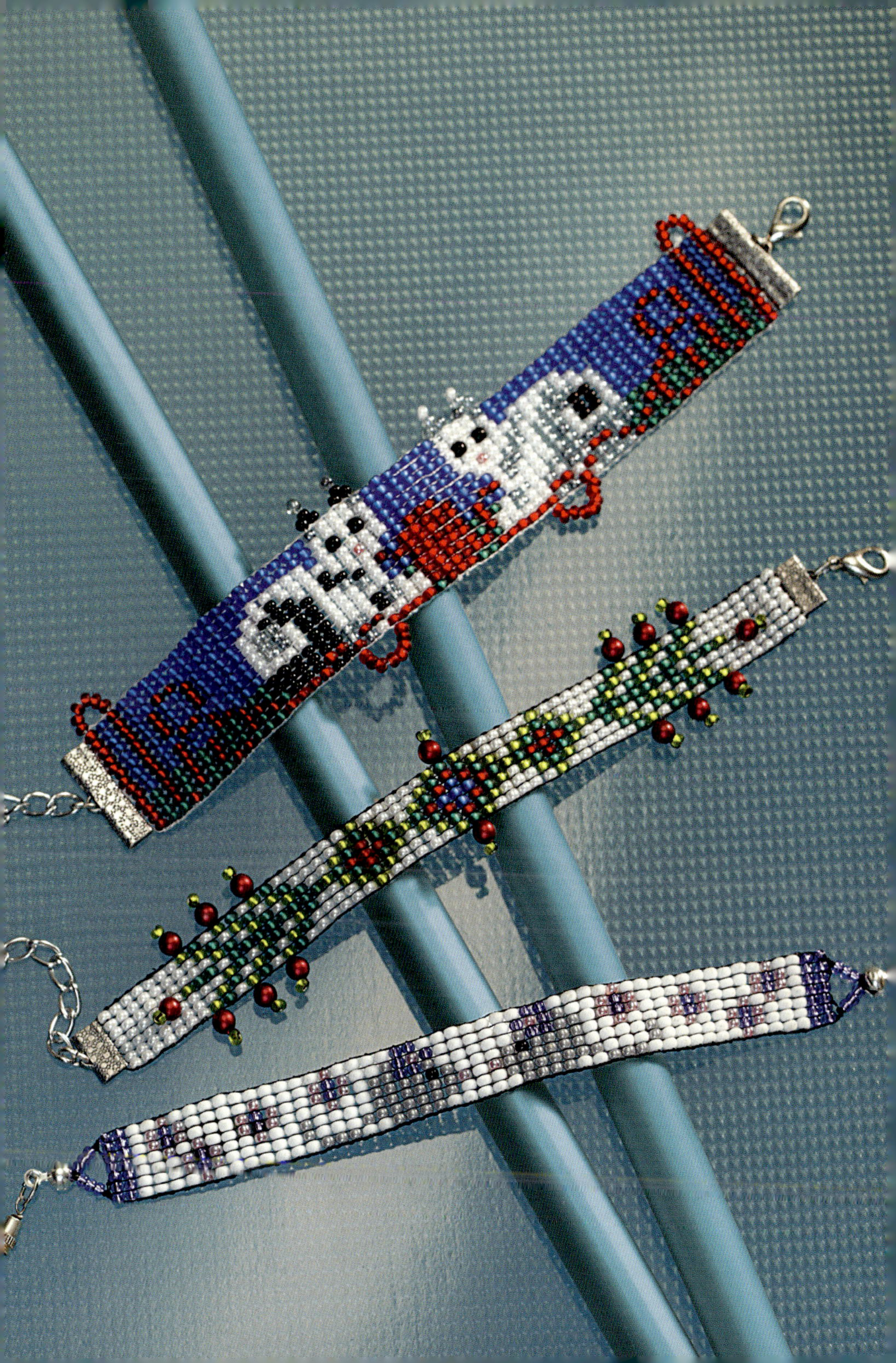

Eulen & Igel

Material:

Eulen
- Perlgarn Nr. 5 in Schwarz (403)
- WildFire Beadalon in Schwarz, 0,15 mm Ø
- Rocailles matt, 2,6 mm Ø, in Dunkelblau, Hellblau, Hellgrün
- Rocailles in Topas matt mit Silbereinzug, 2,6 mm Ø
- Rocailles in Topas transparent matt, 2,6 mm Ø
- Glasperlen in Schwarz, 3 mm Ø
- Goldperlen, 2 mm Ø

Igel
- WildFire Beadalon in Schwarz, 0,15 mm Ø
- Rocailles matt mit Silbereinzug, 2,6 mm Ø, in Rot, Orange, Dunkeltopas, Topas, Grün, Hellblau
- Miyuki-Rocailles in Schwarz, 2,2 mm Ø
- Glasperlen in Schwarz, 3 mm Ø
- Verschluss in Platin, 16 mm

Vorlagenheft
Seite 6

Eulen

Vierzehn Kettfäden (Randfäden doppelt) aus Perlgarn spannen und einen dünnen 0,15-mm-Kettfaden am linken Doppel-Kettfaden anknoten. Das 12,4 cm lange Perlenband mit je elf Perlen pro Reihe nach der Vorlage weben. Am Ende die Perlgarnfäden auf beiden Seiten mittig teilen und zu je zwei Kordeln verdrehen.

Igel

1. Das 14,5 cm lange Band mit je zehn Perlen pro Reihe weben. Dafür dreizehn WildFire Beadalon-Kettfäden spannen (Randfäden doppelt) und einen Schussfaden am linken Randfaden fixieren.

2. An einzelne Reihen eine Perle als Blatt bzw. Igelfuß anbauen, wie die Vorlage zeigt: Nach Einweben der Reihe eine grüne Perle als Blatt aufnehmen, den Faden unter den Kettfäden nach rechts durch die Reihe ziehen und über den Kettfäden zum Ausgangspunkt zurück.

3. Für den Igelfuß den Faden nochmals unter den Kettfäden durch die entsprechende Reihe nach rechts ziehen, eine schwarze Perle aufnehmen, und den Faden über den Kettfäden durch die Reihe zum Ausgangspunkt zurückziehen.

4. Die Fadenenden verknoten und im Klemmverschluss verstecken.

Schillernde Rauten

Material:

In Orange-Blau
- Nymogarn in Schwarz, 0,15 mm Ø
- Miyuki-Rocailles, 2,2 mm Ø, in Schwarz
- Miyuki-Rocailles mit Silbereinzug, 2,2 mm Ø, in Caprioorange, Türkis
- Rocailles mit Silbereinzug in Lapis, 2,6 mm Ø
- 2 Quetschkalotten in Silber, 4 mm Ø
- 2 Ringel in Silber
- Magnetschließe, 10 x 5 mm

In Grün-Blau
- Perlgarn Nr. 5 in Schwarz (403)
- WildFire Beadalon in Schwarz, 0,15 mm Ø
- Rocailles matt mit Silbereinzug, 2,6 mm Ø, in Dunkelblau, Dunkelgrün
- Rocailles matt mit Farbeinzug in Hellgrün, 2,6 mm Ø
- Miyuki-Rocailles, 2,2 mm Ø, in Schwarz, Weiß-Regenbogen

Vorlagenheft Seite 7

In Orange-Blau

1. Für das 13,5 cm lange Band sechzehn Kettfäden (Randfäden doppelt) aus Nymogarn spannen, am linken Doppel-Randfaden den Schussfaden anknoten und die Reihen mit je 13 Perlen pro Reihe nach der Vorlage einweben.

2. An den Enden die Kettfäden miteinander verknoten (siehe Skizze) und auf die Fadenbündel fünf bzw. drei Rocailles aufschieben, dann alle Fäden miteinander dreimal verknoten und den Knoten in der Quetschkalotte einkleben. Mit einem Ringel als Zwischenteil die Magnetschließe anhängen.

In Grün-Blau

Dreizehn Kettfäden aus Perlgarn (Randfäden doppelt) spannen und die Reihen mit je zehn Perlen pro Reihe nach der Vorlage mit dem dünnen 0,15-mm-Schussfaden einweben. Das Band hat eine Länge von 13 cm. Die Perlgarnfäden an den Enden jeweils halbieren und je zwei Kordeln drehen.

Bunt & lustig

Material:

Alle
- WildFire Beadalon in Schwarz, 0,15 mm Ø

Frosch
- Rocailles matt, 2,6 mm Ø, in Dunkelgrün, Dunkelblau
- Miyuki-Rocailles in Apfelgrün opak, 2,2 mm Ø
- Glasperlen in Schwarz, 3 mm Ø
- Magnetschließe, 2 Quetschkalotten, 2 Ringel in Gold

Dreiecke
- Perlgarn Nr. 5 in Schwarz (403)
- Rocailles matt, 2,6 mm Ø, in Rot, Orange, Gelb, Hellgrün
- Miyuki-Rocailles in Schwarz, 2,2 mm Ø
- Goldperlen, 2 mm Ø

Quadrat
- Perlgarn Nr. 5 in Schwarz (403)
- Rocailles matt, 2,6 mm Ø, in Rot, Dunkelorange, Orange, Gelb, Hellgrün
- Miyuki-Rocailles in Schwarz, 2,2 mm Ø

Vorlagenheft Seite 8

Frosch

1. Für das 13,7 cm lange Frosch-Band zehn 0,15-mm-Kettfäden (Randfäden doppelt) spannen und die Reihen mit je sieben Perlen nach Vorlage einweben. Nach zwei Reihen im Anschluss an die Augenreihe die Vorderbeine arbeiten: Sieben dunkelgrüne und eine apfelgrüne Perle aufnehmen, dann den Faden durch jeweils zwei Perlen von zwei gewebten Reihen nach rechts und wieder nach links fädeln, dann zwei apfelgrüne Perlen aufnehmen und den Faden durch alle dunkelgrünen Perlen des Beines zurückziehen. Den Faden durch die Reihe nach rechts ziehen, um das Bein auf der anderen Seite ebenso aufzuziehen, dann den Faden über den Kettfäden nach links durch die Reihe zum Ausgangspunkt zurückziehen.

2. Die Hinterbeine, ausgehend vom Sternchen, anbauen. Den Faden zuletzt durch je zwei Perlen von zwei Reihen zum Ausgangspunkt zurückziehen. Die Kettfäden zum Schluss miteinander verknoten (siehe Skizze), je drei Perlen aufschieben und alle Fäden miteinander mehrfach verknoten. Den Knoten in der Quetschkalotte einbinden und -kleben. Mit einem Ringel die Magnetschließe anhängen.

Dreiecke

Für das 13,2 cm lange Band zehn Kettfäden (Randfäden doppelt) aus Perlgarn spannen und einen 0,15 mm-Schussfaden am linken doppelten Randfaden anknoten. Die Reihen mit jeweils sieben Perlen nach der Vorlage einweben. Für die ganz ausgefüllten gelben Perlen in der Vorlage 2 mm-Goldperlen einsetzen. Zum Schluss die Kettfäden an beiden Enden zu je einer Kordel verdrehen.

Quadrat

Das Band mit dem Farbquadrat in der Mitte in der gleichen Weise wie das Band mit den Dreiecken nach getrennter Vorlage arbeiten. Das Band hat eine Länge von 13,5 cm und wird ebenfalls mit einer Kordel auf beiden Seiten abgeschlossen.

Vorlagenheft

„Freundschaftsbänder aus Perlen gewebt"
von Ingrid Moras

ISBN 978-3-8388-3390-3
Art.-Nr. CV3390

Reinzeichnungen: Ingrid Moras

Hinweis

Dieses Vorlagenheft kann aus dem Buch herausgenommen werden.
Dazu die obere und die untere Klammer öffnen.
Die mittlere Klammer nicht öffnen, sie hält das Vorlagenheft zusammen.
Das Vorlagenheft herausnehmen und die Klammern wieder schließen.

Good Luck

Seite 8/9

Material:

- WildFire Beadalon in Schwarz, 0,15 mm Ø
- Rocailles, matt mit Farbeinzug, in Hellgrün, Rosa, 2,6 mm Ø
- Rocailles in Weiß matt, 2,6 mm Ø
- Rocailles mit Silbereinzug in Fuchsia, 2,6 mm Ø
- Miyuki-Rocailles in Schwarz, 2,2 mm Ø
- 2 Quetschkalotten in Silber
- 2 Ringel in Silber
- Magnetschließe in Silber

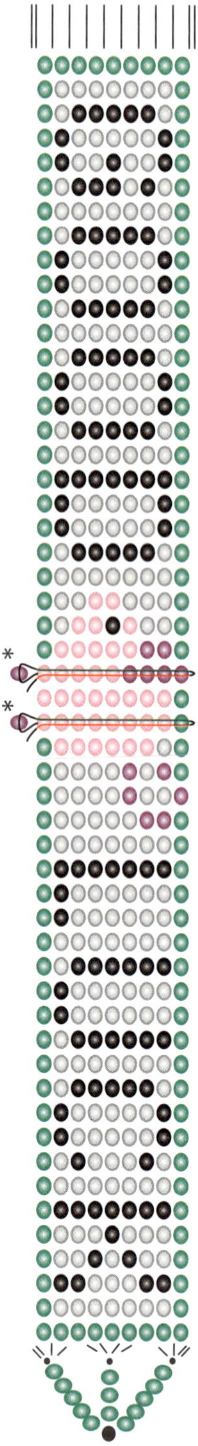

Pinguine

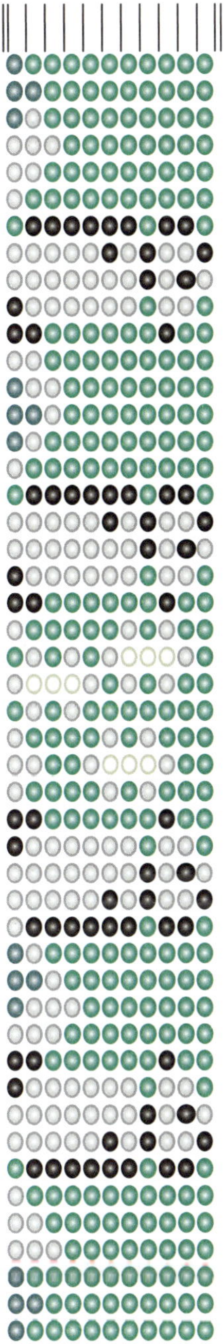

Rauten

Seite 8/9

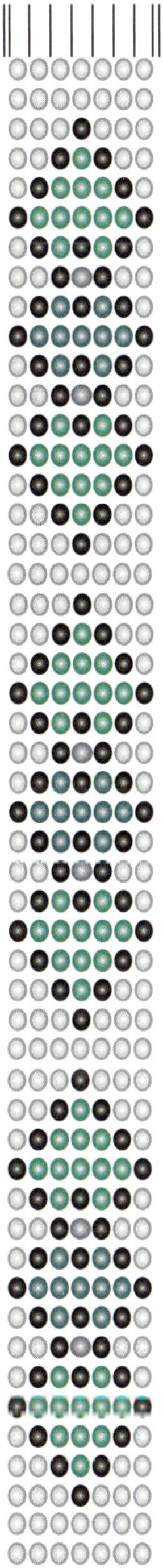

Katzen

Seite 10/11

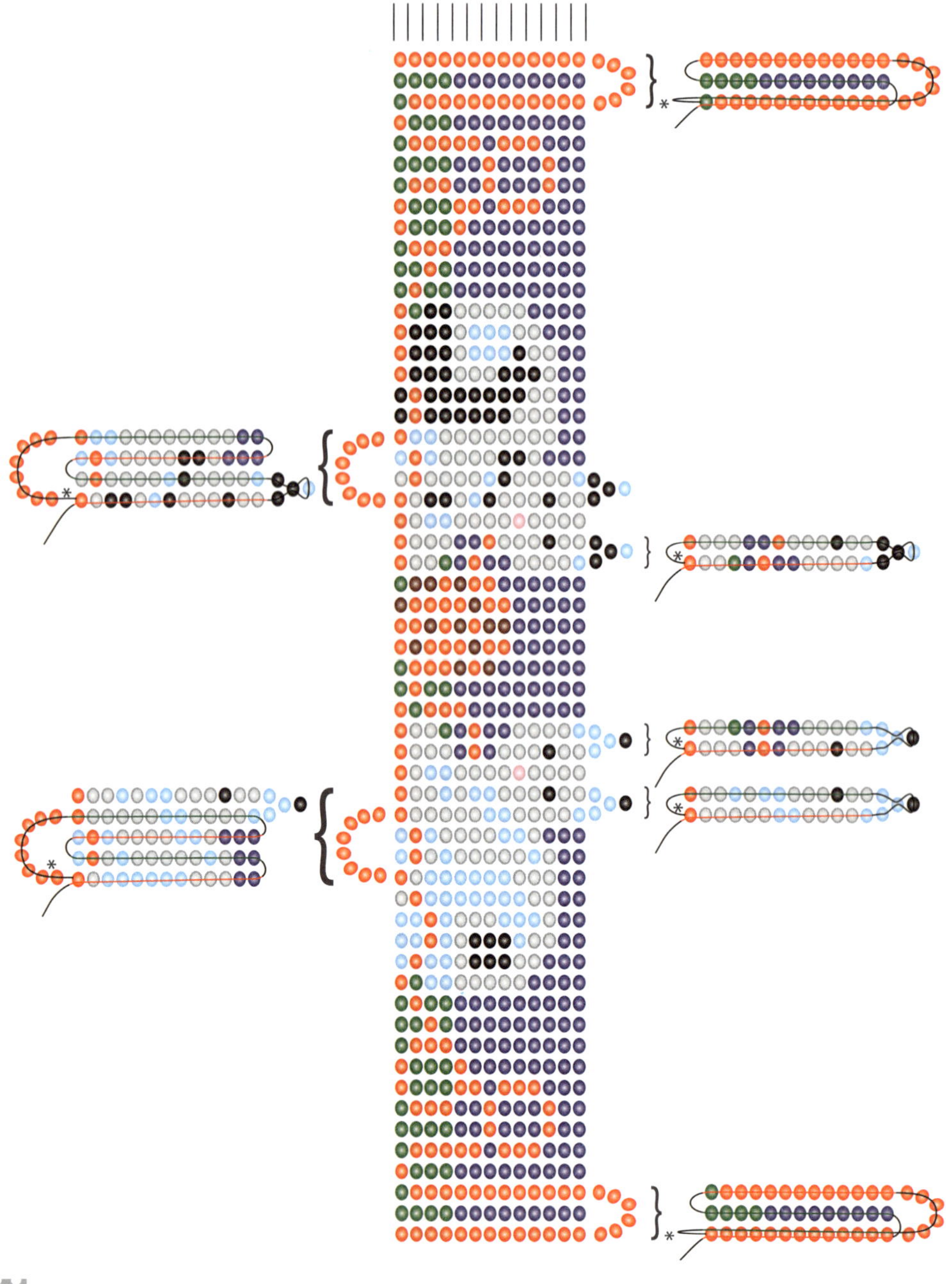

Beeren

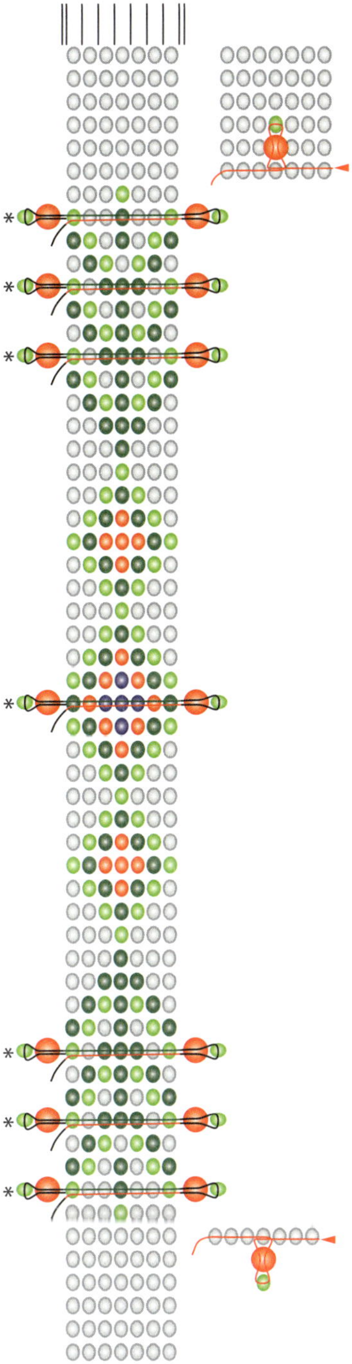

Mäuse

Seite 10/11

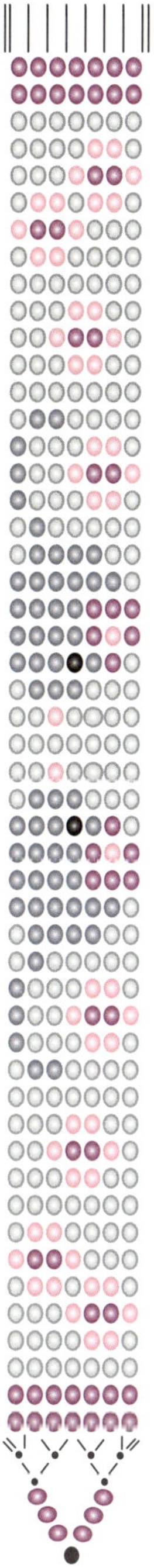

Material:

Mäuse

- WildFire Beadalon in Schwarz, 0,15 mm Ø
- Miyuki-Rocailles, 2,2 mm Ø, in Schwarz, Perl-Grau, Perl-Pink, Dunkellila mit Silbereinzug
- Rocailles in Weiß matt, 2,6 mm Ø
- 2 Quetschkalotten in Silber
- 2 Ringel in Silber
- Schraubschließe in Silber

Eulen

Igel

Seite 12/13

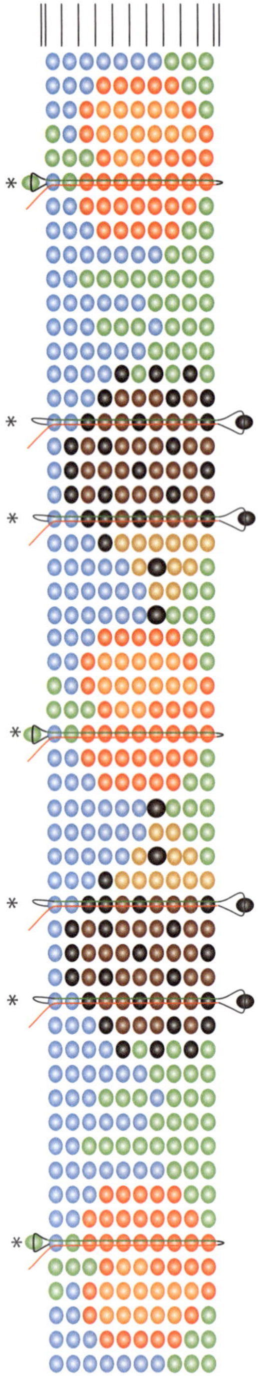

In Orange-Blau

In Grün-Blau

Seite 14/15

Frosch

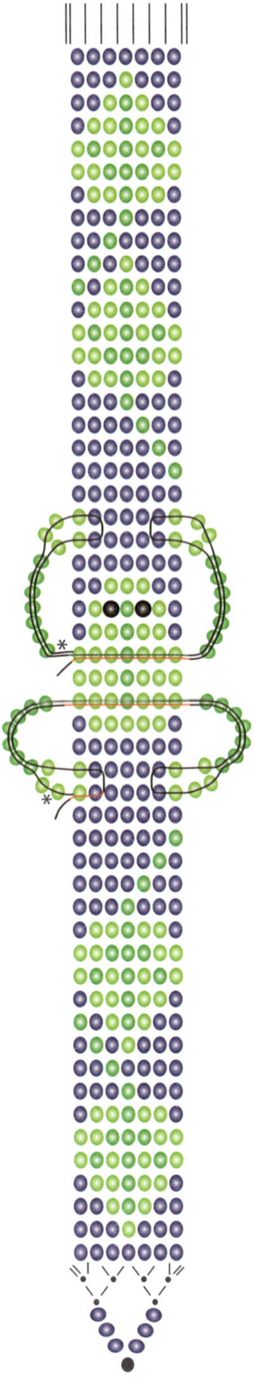

Dreiecke

Quadrat

Seite 16/17

Schmales Band

Breites Band

Seite 18/19

Goldfische

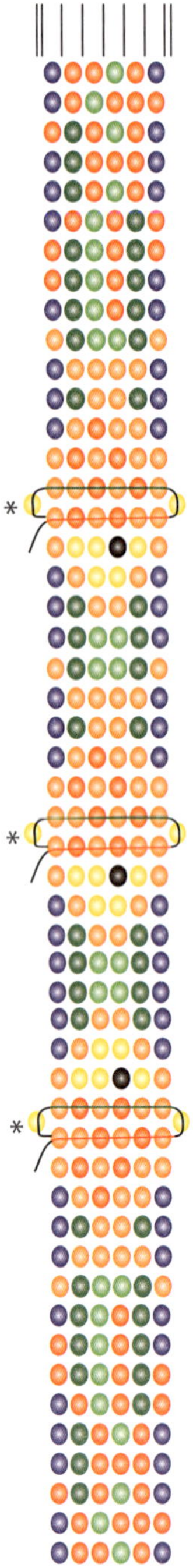

Blüten

Seite 20/21

Kraken

Seite 22/23

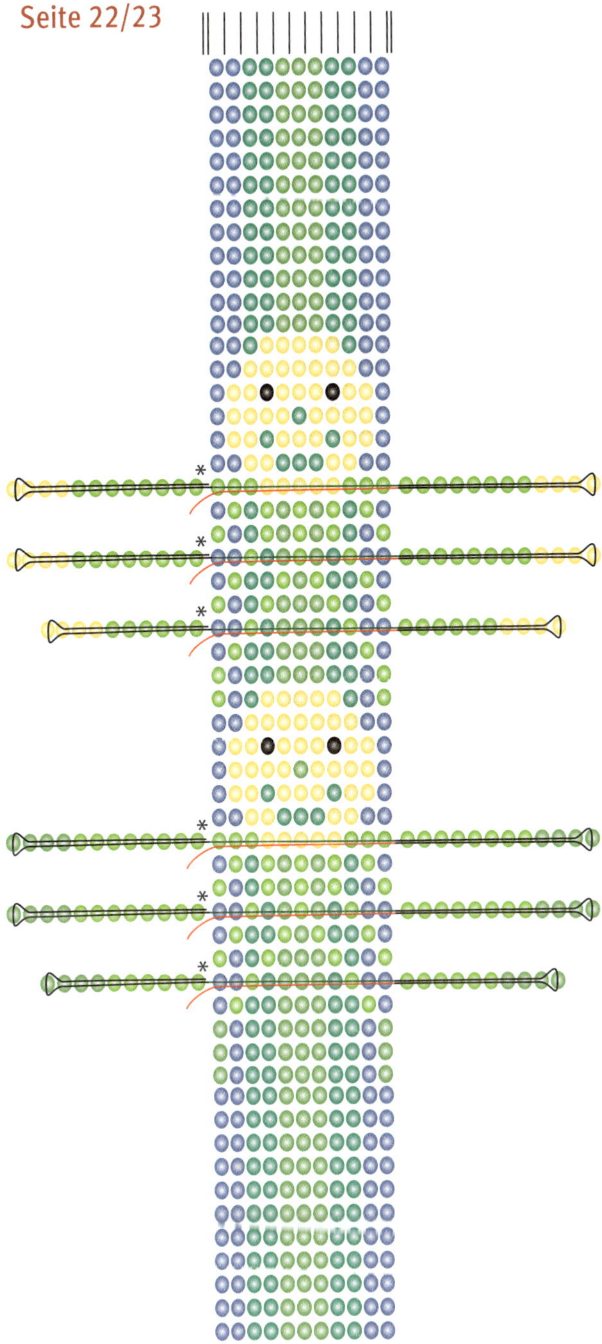

Fische

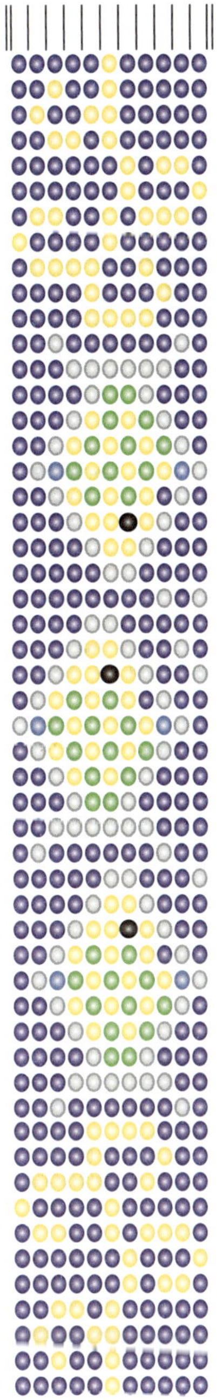

Schmetterling

Fischgräten

Seite 24/25

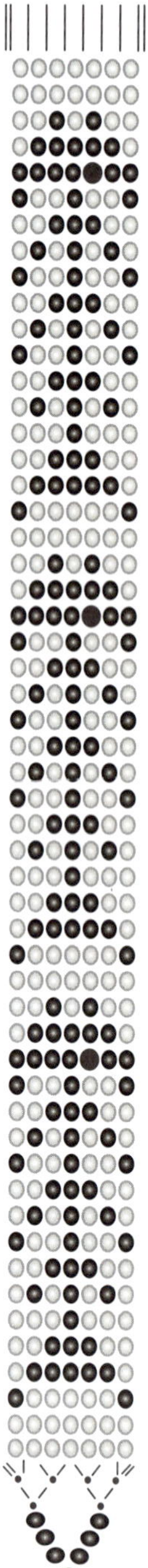

Rechtecke

Schmetterlinge

Seite 26/27

Schmales Band

Breites Band

Seite 28/29

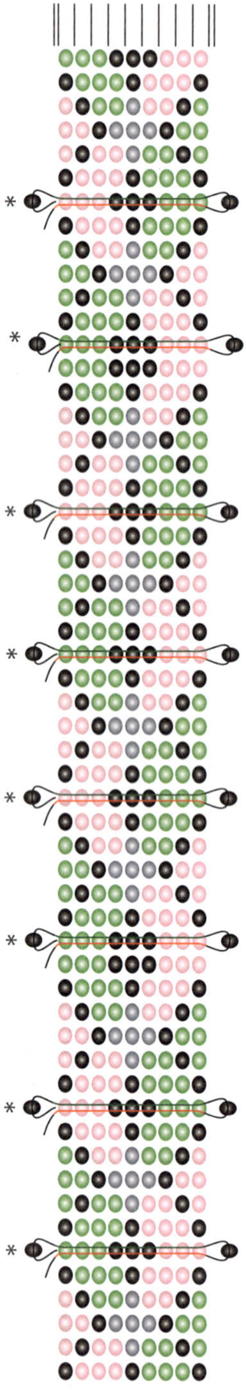

Mit Uhr

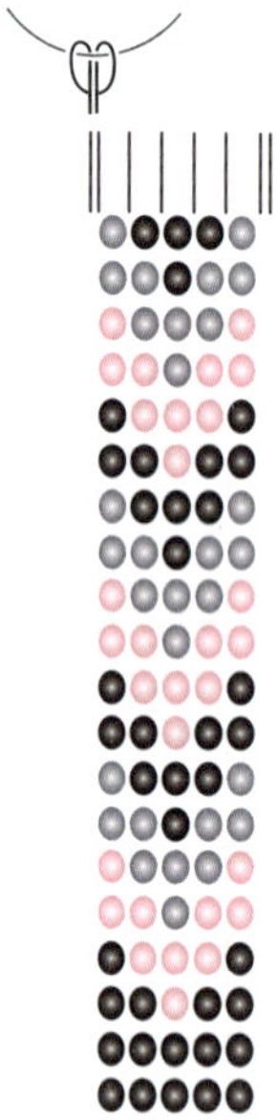

Mit Pfeilen

Seite 30/31

Material:

- WildFire Beadalon in Schwarz, 0,15 mm Ø
- Rocailles matt mit Farbeinzug, 2,6 mm Ø, in Hellgrün, Rosa
- Goldperlen, 2 mm Ø
- Rocailles in Echt Gold-Schwarz, 4,5 mm Ø
- 2 Quetschkalotten in Gold
- 2 Ringel in Gold
- Magnetschließe in Gold

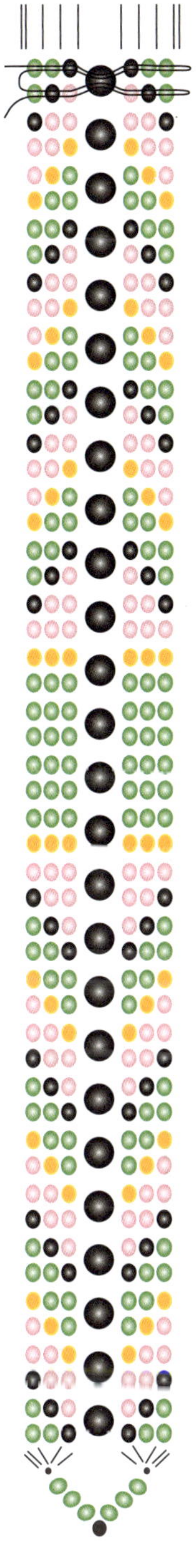

1. Bei diesem 13 cm langen Band unterschiedliche Perlengrößen kombinieren. Zehn 0,15-mm-Kettfäden (Randfäden doppelt) spannen. Die erste Reihe mit drei kleinen Rocailles, einer großen Perle und drei kleinen Rocailles einweben.

2. Bei der zweiten Reihe drei Rocailles unter den Kettfäden platzieren, den Faden durch die große Perle der ersten Reihe ziehen und drei weitere Rocailles unter den Kettfäden einordnen, dann den Faden durch die neuen Rocailles und die große Perle über den Kettfäden nach links ziehen. Alle weiteren Paarreihen in der gleichen Weise wie die ersten beiden Reihen mit der gemeinsamen großen Perle in der Mitte einweben.

3. Zuletzt die Kettfäden miteinander verknoten, je drei Perlen auf die Fadenbündel aufziehen, dann mit allen Fäden einen mehrfachen Knoten legen und diesen mit Klebstoff sichern. Den Knoten in die Quetschkalotte einbinden. Mit einem Ringel die Verbindung zur Magnetschließe herstellen.

Edle Spiralen

Eidechsen

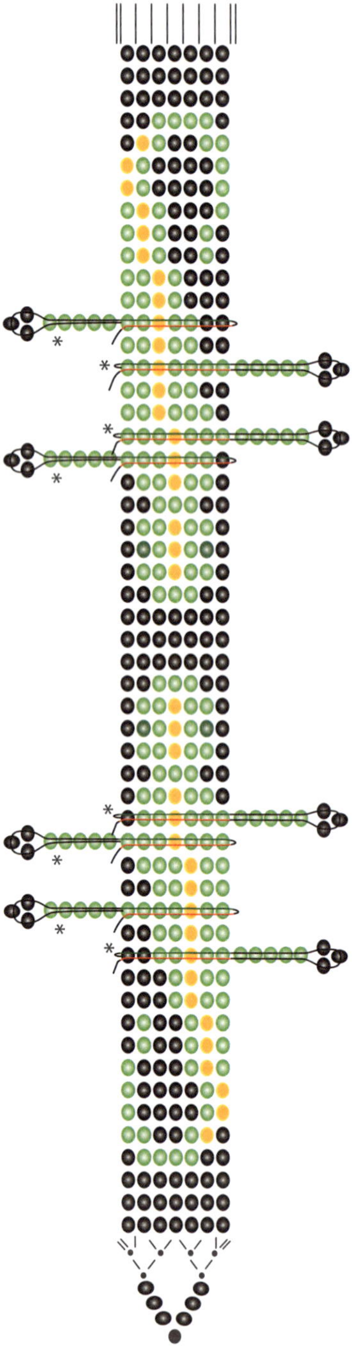

Quadrate

Seite 30/31

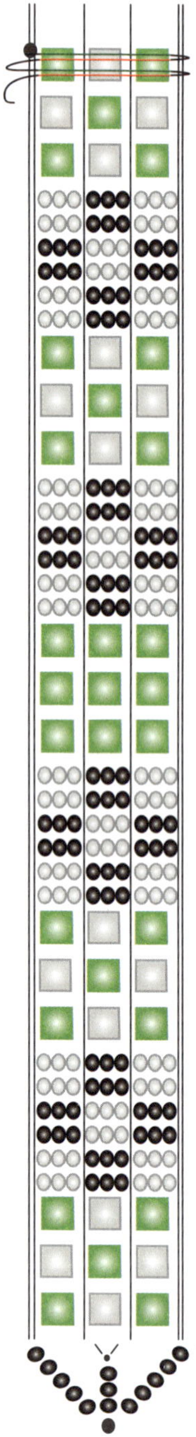

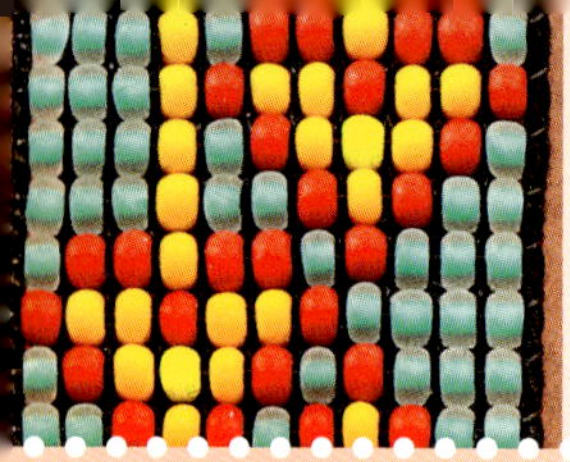

Von Herzen

Material:

Schmales Band
- Perlgarn Nr. 5 in Schwarz (403)
- WildFire Beadalon in Schwarz, 0,15 mm Ø
- Rocailles matt, 2,6 mm Ø, in Rot, Hellblau, Dunkelblau
- Rocailles matt mit Farbeinzug in Hellgrün, 2,6 mm Ø

Breites Band
- Perlgarn Nr. 5 in Schwarz (403)
- WildFire Beadalon in Schwarz, 0,15 mm Ø
- Rocailles matt, 2,6 mm Ø, in Rot, Orange, Gelb
- Rocailles matt mit Farbeinzug in Hellgrün, 2,6 mm Ø

Vorlagenheft Seite 9

Schmales Band

Für das 13,4 cm lange Herz-Band zehn Kettfäden aus Perlgarn (Randfäden doppelt) spannen und nach der Vorlage die Perlenreihen zu je sieben Perlen mit dem dünnen 0,15-mm-Faden einweben. Die Perlgarnfäden an beiden Enden zu je einer Kordel verdrehen und diese mit einem Knoten abschließen. Die Überstände nach etwa 10 mm abschneiden.

Breites Band

Vierzehn Kettfäden aus Perlgarn (Randfäden doppelt) für das 13,4 cm lange Band spannen und die Reihen mit je elf Perlen mit WildFire Beadalon nach der Vorlage einweben. Das Band auf beiden Seiten mit je zwei Kordeln abschließen.

Fische & Blumen

Material:

Goldfische
- Perlgarn Nr. 5 in Schwarz (403)
- WildFire Beadalon in Schwarz, 0,15 mm Ø
- Rocailles matt, 2,6 mm Ø, in Dunkelorange, Orange, Gelb
- Rocailles matt mit Farbeinzug in Hellgrün, 2,6 mm Ø
- Rocailles matt mit Silbereinzug, 2,6 mm Ø, in Dunkelblau, Dunkelgrün
- Miyuki-Rocailles in Schwarz, 2,2 mm Ø

Blüten
- WildFire Beadalon in Schwarz, 0,15 mm Ø
- Rocailles matt, 2,6 mm Ø, in Dunkelorange, Orange, Gelb, Dunkelblau
- Delica-Rocailles in Kiwi transparent matt, 2,2 mm Ø
- Delica-Rocailles in Gold metallic, 2,2 mm Ø
- Verschluss in Altgold, 19 mm

Vorlagenheft Seite 10

Goldfische

1. Neun Kettfäden (doppelte Randfäden) aus Perlgarn für das 13,2 cm lange Bändchen spannen und mit dem 0,15-mm-Schussfaden die Reihen mit je sechs Perlen nach der Vorlage einweben.

2. Die Flossen nach dem Einweben der entsprechenden Reihen arbeiten: Eine gelbe Perle (siehe Sternchen in der Vorlage) aufnehmen und den Faden nochmals unter den Kettfäden der vorletzten Reihe nach rechts ziehen. Eine gelbe Perle aufnehmen, dann den Faden über den Kettfäden durch die letzte Reihe nach links zum Ausgangspunkt zurückziehen.

3. Das Band am Schluss auf beiden Seiten mit je einer Kordel abschließen.

Blüten

1. Für das 13,2 cm lange Blütenband mit Sonne vierzehn 0,15-mm-Kettfäden (Randfäden doppelt) spannen und den Schussfaden am linken doppelten Randfaden anbinden.

2. Die Reihen mit je elf Perlen nach der Vorlage einweben. Für die ganz in Gelb ausgefüllten Perlen in der Vorlage sind Rocailles in Gold metallic einzubauen.

3. Die Kettfäden am Ende gut verknoten und im Klemmverschluss einbinden.

Meerestiere

Material:

Kraken
- Perlgarn Nr. 5 in Schwarz (403)
- WildFire Beadalon in Schwarz, 0,15 mm Ø
- Rocailles matt mit Silbereinzug, 2,6 mm Ø, in Montanblau, Dunkelgrün, Hellgrün
- Rocailles in Soft Hellgrün, 2,6 mm Ø
- Miyuki-Rocailles, 2,2 mm Ø, in Schwarz, Apfelgrün opak

Fische
- Perlgarn Nr. 5 in Dunkelblau (133)
- WildFire Beadalon in Schwarz, 0,15 mm Ø
- Rocailles matt, 2,6 mm Ø, in Dunkelblau, Hellblau
- Rocailles matt mit Farbeinzug in Hellgrün, 2,6 mm Ø
- Rocailles in Soft Hellgrün, 2,6 mm Ø
- Miyuki-Rocailles in Weiß-Regenbogen, 2,2 mm Ø
- Glasperlen in Schwarz, 3 mm Ø

Vorlagenheft Seiten 11

Kraken

1. Vierzehn Kettfäden (doppelte Randfäden) aus schwarzem Perlgarn spannen und den 0,15-mm-Schussfaden anknoten. Das 14,5 cm lange Band nach der Vorlage weben, dabei nach dem Einweben von sechs Reihen jeweils Armpaare anbauen.

2. Dazu jeweils zwölf bzw. zehn Perlen für den linken Arm aufnehmen und den Faden durch alle Perlen mit Ausnahme der letzten Perle zurückziehen. Anschließend den Faden unter den Kettfäden durch die Reihe nach rechts führen, und die Perlen für den zweiten Arm in gleicher Weise auffädeln. Zuletzt den Faden über den Kettfäden durch die Reihe nach links zum Ausgangspunkt zurückziehen.

3. Auf beiden Seiten des Bandes mit den Perlgarn-Fäden je zwei Kordeln drehen und mit einem Knoten abschließen; Überstände abschneiden.

Fische

1. Für das 13,8 cm lange Band vierzehn dunkelblaue Kettfäden (Randfäden doppelt) spannen und mit dem schwarzen dünnen Kettfaden die Reihen mit je elf Perlen nach der Vorlage weben.

2. Wie beim anderen Band die Perlgarnfäden auf jeder Seite halbieren und je zwei Kordeln drehen.

Schmetterling & Co.

Material:

Schmetterling

- WildFire Beadalon in Schwarz, 0,15 mm Ø
- Rocailles matt mit Silbereinzug, 2,6 mm Ø, in Rot, Dunkelrot, Hellblau, Dunkelblau, Topas
- Miyuki-Rocailles, 2,2 mm Ø, in Schwarz, Weiß-Regenbogen
- Verschluss in Gold, 19 mm

Fischgräten

- WildFire Beadalon in Schwarz, 0,15 mm Ø
- Rocailles in Platin-Schwarz, Weiß matt, 2,6 mm Ø
- Glasperlen in Schwarz, 3 mm Ø
- 2 Quetschkalotten in Silber
- 4 Ringel in Silber
- Schraubschließe in Schwarz
- 2 Fisch-Anhänger in Platin

Vorlagenheft Seite 12

Schmetterling

Vierzehn WildFire-Beadalon-Kettfäden spannen und die Reihen mit je elf Perlen nach der Vorlage einweben. Den Schussfaden wie immer am Schluss gut vernähen, bevor die Kettfäden mehrmals miteinander verknotet und im Klemmverschluss eingebunden werden.

Fischgräten

1. Für das 14,2 cm lange Band mit je sieben Perlen pro Reihe sowohl für die zehn Kettfäden (Randfäden doppelt) als auch für den Schussfaden WildFire Beadalon verwenden.

2. Die Reihen nach der Vorlage einweben, dabei für die Fischaugen 3-mm-Glasperlen verwenden.

3. Die Fäden am Ende miteinander verknoten, auf die beiden Fadenbündel jeweils drei schwarze Rocailles aufschieben, dann alle Fäden dreimal verknoten und mit Kraftkleber sichern. Den Knoten in der Quetschkalotte einbinden und mit einem Ringel den Verschluss anhängen. Mit je einem Ringel die Fisch-Anhänger hinzufügen.

In Pink & Lila

Material:

Rechtecke
- WildFire Beadalon in Schwarz, 0,15 mm Ø
- Miyuki-Rocailles, 2,2 mm Ø, in Schwarz, Dunkellila mit Silbereinzug, Perl-Weiß, Perl-Pink
- Rocailles in Fuchsia, 2,6 mm Ø
- Verschluss in Altsilber, 19 mm

Schmetterlinge
- WildFire Beadalon in Schwarz, 0,15 mm Ø
- Miyuki-Rocailles, 2,2 mm Ø, in Perl-Weiß, Perl-Pink, Schwarz, Dunkellila mit Silbereinzug
- Verschluss in Altsilber, 19 mm

Vorlagenheft Seite 13

Muster-Rechtecke

Vierzehn Kettfäden (doppelte Randfäden) aus schwarzem WildFire Beadalon spannen und mit dem schwarzen Schussfaden die Reihen mit je elf Perlen nach der Vorlage einweben. Das Band hat dann eine Länge von 14,3 cm. Die Enden der Kettfäden miteinander verknoten und im Klemmverschluss „verstecken".

Schmetterlinge

Für das 14,5 cm lange Band dreizehn WildFire-Beadalon-Kettfäden spannen und mit dem am linken Randfaden angeknoteten Schussfaden die Reihen mit je zwölf Perlen nach der Vorlage einweben. Zuletzt die Schussfäden gut vernähen, dann die Kettfäden miteinander verknoten und im Klemmverschluss einbinden.

Zartes Rosa

Material:

Schmales Band
- Perlgarn Nr. 5 in Hell-lila (96)
- WildFire Beadalon in Schwarz, 0,15 mm Ø
- Rocailles matt mit Farbeinzug, 2,6 mm Ø, in Hellgrün, Rosa
- Miyuki-Rocailles in Black, 2,2 mm Ø

Breites Band
- Perlgarn Nr. 5 in Schwarz (403)
- WildFire Beadalon in Weiß, 0,15 mm Ø
- Rocailles matt mit Farbeinzug, 2,6 mm Ø, in Hellgrün, Rosa
- Miyuki-Rocailles, 2,2 mm Ø, in Schwarz, Perl-Grau

Mit Uhr
- Perlgarn Nr. 5 in Schwarz (403)
- WildFire Beadalon in Schwarz, 0,15 mm Ø
- Rocailles matt mit Farbeinzug, in Rosa, 2,6 mm Ø
- Miyuki-Rocailles, 2,2 mm Ø, in Schwarz, Perl-Grau

Vorlagenheft Seite 14

Schmales Band

Für das 13,5 cm lange Band mit je sieben Perlen pro Reihe zehn Kettfäden aus Perlgarn (Randfäden doppelt) spannen und die Reihen nach der Vorlage mit dem 0,15-mm-Schussfaden einweben. Das dünne Band mit je einer Kordel auf beiden Seiten abschließen.

Breites Band

1. Für das 14,2 cm lange Band zwölf Kettfäden aus Perlgarn spannen und die Reihen mit je neun Perlen nach Vorlage mit dem 0,15-mm-Schussfaden einweben.

2. Die abstehenden Spitzen der Raute jeweils nach dem Einweben der entsprechenden Reihen anbauen: Eine schwarze Perle aufnehmen, dann den Faden unter den Kettfäden nach rechts durch die Reihe ziehen. Eine schwarze Perle aufnehmen und den Faden über den Kettfäden durch die Reihe zum Ausgangspunkt zurückziehen.

3. Die Perlgarnfäden auf jeder Seite hälftig teilen und das breite Band auf beiden Seiten mit je zwei Kordeln abschließen.

Mit Uhr

Auf jeder Seite der Uhr je vier 40 cm lange Perlgarnfäden mittig am Ring der Uhr einhängen (siehe Skizze in der Vorlage), dann die je acht Fäden (doppelter Randfaden) spannen. Mit einem 0,15-mm-Schussfaden die Reihen mit je fünf Perlen nach der Vorlage auf beiden Seiten der Uhr einweben. Die Perlgarnfäden am Schluss zu je einer Kordel verdrehen.

QUARTZ

Edel & schön

Material:

Alle
- WildFire Beadalon in Schwarz, 0,15 mm Ø

Edle Spiralen
- Rocailles in Soft Mint, Soft Hellgrün, Gold-Schwarz, 2,6 mm Ø
- Verschluss in Altgold, 19 mm

Eidechsen
- Rocailles in Hellgrün matt mit Farbeinzug, Gold-Schwarz, 2,6 mm Ø
- Miyuki-Rocailles in Blau Zirkon transparent, 2,2 mm Ø
- Delica-Rocailles in Gold metallic, 2,2 mm Ø
- Magnetschließe, 2 Quetschkalotten, 2 Ringel in Gold

Quadrate
- Miyuki-Rocailles, 2,2 mm Ø, in Perl-Weiß, Schwarz
- Miyuki-Tila-Beads, 5 x 5 x 1,9 mm, in Goldgrün matt metallic, Weiß gelüstert
- Magnetschließe, 2 Quetschkalotten, 2 Ringel in Silber

Vorlagenheft Seiten 15, 16

Edle Spiralen

Für das 13,5 cm lange Band mit je elf Perlen pro Reihe vierzehn 0,15-mm-Kettfäden spannen und die Reihen nach der Vorlage einweben. Am Schluss die Kettfäden mehrfach miteinander verknoten, die Knoten mit Klebstoff sichern und in den Klemmverschluss einbinden.

Eidechsen

Zehn schwarze 0,15-mm-Kettfäden (Randfäden doppelt) für das 14 cm lange Band mit je sieben Perlen pro Reihe spannen. Dabei an die in der Vorlage gekennzeichneten Reihen entweder links oder rechts ein Bein anbauen (siehe Seite 6). Die Kettfäden zum Schluss miteinander verknoten und auf die beiden Fadenbündel je drei schwarze Rocailles aufziehen. Zuletzt alle Fäden gut miteinander verknoten und den Knoten in einer Quetschkalotte einbinden. Den Verschluss mit einem Ringel anhängen.

Quadrate

Für das 13 cm lange Band sechs Kettfäden (doppelter Randfaden) spannen und die quadratischen Perlen mit zweifacher Bohrung nach der Vorlage einweben. Dabei den Schussfaden durch jede Bohrung einmal nach rechts unter den Kettfäden und nach links über den Kettfäden ziehen. Bei den Reihen mit Rocailles immer drei Perlen zwischen zwei Kettfäden platzieren. Zum Schluss auf die Kettfäden drei bzw. fünf Rocailles auffädeln, die Fäden miteinander verknoten und eine kleine Perle im Knoten integrieren. Dann die Quetschkalotte mit Ringel und Verschluss anhängen.

Material & Anleitung **Mit Pfeilen** siehe Vorlagenheft Seite 15

Impressum

Lektorat: Irmgard Böhler, Wiesbaden
Fotos und Styling: Roland Krieg, Waldkirch
Umschlaggestaltung: Yvonne Rangnitt, Bremen
Satz: Arnold & Domnick, Leipzig
Reproduktion: Meyle + Müller GmbH & Co. KG, Pforzheim
Druck und Verarbeitung: Bilnet Printing, Istanbul

ISBN 978-3-8388-3390-3
Art.-Nr. CV3390

Herstellerverzeichnis

Pracht Creatives Hobby GmbH
Rayher Hobby GmbH

Wir danken den Firmen Pracht und Rayher für die Bereitstellung der Materialien!

Kreativ-Service

Sie haben Fragen zu den Büchern und Materialien? Frau Erika Noll ist für Sie da und berät Sie rund um alle Kreativthemen. Rufen Sie an! Wir interessieren uns auch für Ihre eigenen Ideen und Anregungen. Sie erreichen Frau Noll per E-Mail: **mail@kreativ-service.info** oder Tel.: **+49 (0) 5052/91 18 58** Montag–Donnerstag: 9–17 Uhr / Freitag: 9–13 Uhr